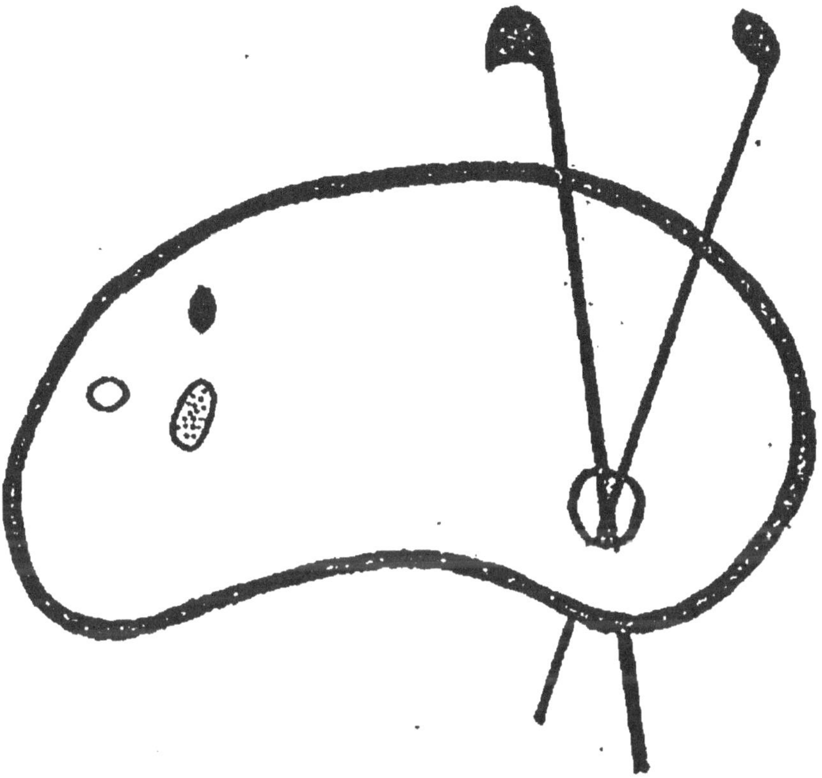

COUVERTURE SUPERIEURE ET INFERIEURE
EN COULEUR

"L'HOMMAGE FRANÇAIS"

LA POLOGNE

par

G. LEYGUES

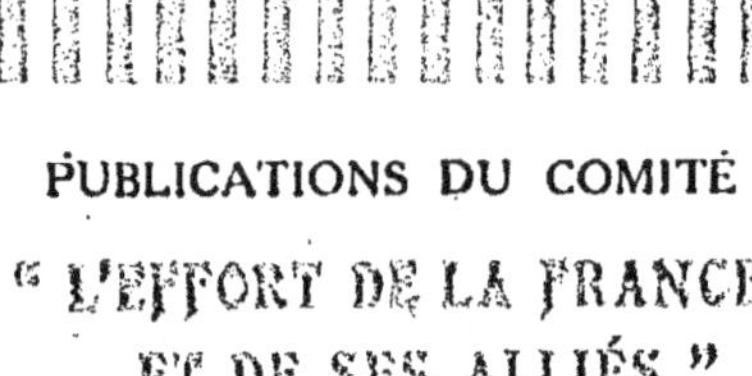

PUBLICATIONS DU COMITÉ

" L'EFFORT DE LA FRANCE
ET DE SES ALLIÉS "

BLOUD & GAY, Éditeurs
PARIS - BARCELONE

" L'HOMMAGE FRANÇAIS "

LA POLOGNE

PAR

G. LEYGUES

PUBLICATION DU COMITÉ
" L'EFFORT DE LA FRANCE
:: ET DE SES ALLIÉS " ::

BLOUD & GAY
ÉDITEURS

PARIS   BARCELONE
3, Rue Garancière   35, Calle del Bruch

1918
Tous droits réservés

SOUS le titre : L'Effort de la France et de ses Alliés, il a été fondé à Paris, sous la présidence de M. Stéphen Pichon, un Comité de Conférences dont le but est d'expliquer au grand public le persévérant effort fourni par les Alliés.

Montrer avec pièces à l'appui que les peuples à qui la guerre fut imposée et qui luttent pour la liberté du monde sont dignes les uns des autres, faire comprendre ce qu'il y a de grand et de beau dans le devoir qu'ils accomplissent, de noble et de profond dans l'idée qui les mène, tel est le programme du Comité.

En rendant ainsi justice à l'héroïsme et à la fidélité de nos vaillants compagnons d'armes, le Comité est en droit de compter que la France recevra d'eux pareil hommage ; aux manifestations organisées dans notre pays en l'honneur des Alliés, succéderont chez eux des conférences qui diront toute la grandeur de l'effort français.

Les conférences organisées sous le patronage du Comité ont obtenu, dans les diverses villes où elles furent faites, un éclatant succès. Les auditeurs ont, à maintes reprises, exprimé le désir d'en posséder le texte qui n'offrira pas moins d'intérêt aux personnes n'ayant pu assister à ces réunions.

Nous reproduisons, en appendice, les documents relatifs à la conférence : programme de la séance, allocution du ou des présidents, etc.

Nous espérons que les études qui, sous le titre général : L'Hommage français, formeront la série des publications du Comité : L'Effort de la France et de ses Alliés, trouveront auprès de nombreux lecteurs un accueil encourageant et de nature à engager leurs promoteurs à en poursuivre le développement.

Paul LABBÉ,
Secrétaire général du Comité.

LA POLOGNE

De tous les problèmes posés par la guerre, l'un des plus importants et des plus graves, si on l'examine au point de vue du droit et du futur équilibre européen, c'est le problème polonais.

Je me propose d'esquisser, en traits rapides, les trois grandes phases historiques de la Pologne; de montrer comment un peuple meurt, comment il renaît, et de dire pourquoi la reconstitution de la Pologne unie, indépendante et souveraine, est indispensable à l'établissement d'une paix solide et durable.

L'histoire de la Pologne présente ce caractère particulier d'une grande puissance se constituant dans un territoire sans frontières naturelles, au milieu de l'immense plaine qui fait le trait d'union entre l'Europe centrale et l'Europe orientale, s'établissant au point de choc de deux grandes races : les Germains et les Slaves. La Pologne apparaît comme le pionnier avancé de la culture latine venant de l'Occident au devant de la culture byzantine, venant de l'Orient. Arrivée à un haut degré de civilisation plusieurs siècles avant les États voisins, elle se donna des institutions qui restent son honneur mais qui causèrent sa ruine. La royauté devint élective en Pologne au moment où se formait en Prusse la monarchie absolue. La diète était souveraine à Varsovie au moment où le roi de Prusse devenait le chef d'une puissance militaire; la noblesse polonaise délibérait tandis que la noblesse prussienne servait; la force cohésive de l'État polonais s'affaiblissait tandis que s'accroissait la force attractive du tzar de Moscovie; la Pologne s'effritait tandis que l'immense Russie se constituait; la Pologne s'abandonnait, tandis que l'Autriche se raffermissait et prenait tout ce qui passait à portée de sa main.

Trop occupée de ses affaires intérieures, elle sera dépecée. Mais, au moment du partage, elle porte déjà en elle des forces morales irréductibles, comme le prouvent les tentatatives de réformes qui aboutirent à la constitution du 3 mai 1791. La Pologne eut une autre chance : au moment où elle disparaissait au nom du droit de la force et de la conquête, la Révolution française proposait au monde un droit nouveau : le « droit des peuples » à l'indépendance et à la souveraineté, en vertu duquel des peuples morts allaient ressusciter, des peuples jeunes allaient se reformer lentement, au sein des vieux États, pendant un siècle, rassembler à travers maintes commotions, les éléments spirituels et matériels composant une nation, et attendre le jour, qui est venu, où ils revendiqueraient leur place dans le futur concert européen.

La Pologne a déjoué tous les calculs des chancelleries; elle a refusé de considérer son démembrement comme un fait acquis, et non seulement acquis, mais légitime. Elle a fait de sa tombe, un berceau, et du fond de ce berceau elle cria pendant un siècle vers la justice et vers l'avenir.

Ce fait a une portée immense dans l'histoire de l'Humanité.

Par sa protestation ininterrompue au nom du Droit, la Pologne a contribué à changer le fondement du Droit international lui-même. Et voici qu'elle se présente au milieu des décombres de 1914, comme un élément indispensable à la reconstruction et à la solidité de l'Europe de demain.

On peut distinguer quatre grandes phases d'évolution de l'histoire de la Pologne :

1o Des origines à la fin du xive siècle, la Pologne se constitue en un puissant organisme politique;

2o De la fin du xive siècle à la fin du xvie, ayant pris pleine conscience d'elle-même, elle réalise, à l'intérieur et à l'extérieur, une œuvre qui la place au nombre des grands États européens;

3o Au xviie et au xviiie siècles, elle subit l'action dissolvante de certains vices de régime et surtout des intrigues étrangères, jusqu'au jour où elle perd son indépendance;

4o Au xixe siècle, démembrée et asservie, elle reconstitue ses forces nationales pour renaître comme nation et reconquérir la liberté à laquelle elle n'a jamais voulu renoncer.

I

HISTOIRE ET INSTITUTIONS DE LA POLOGNE

C'est vers l'an 950 que la Pologne sort du chaos des peuples slaves. La dynastie des Piast, qui la constitue par la conquête et lui donne des institutions, entre dans l'histoire avec Myarko Ier qui régnait au milieu du xe siècle. En 965, Myarko embrassa le christianisme et par le christianisme venu de l'Ouest, la Pologne entra dans la société européenne d'Occident et participa à la civilisation du monde latin. Le successeur de ce Clovis slave fut Boleslas-le-Grand (992-1025) qui fut le Charlemagne de la Pologne. En l'an 1000, il en avait fait un vaste Etat appuyé à la Baltique au Nord, aux Carpathes au Sud, dépassant la Vistule à l'Est et l'Oder à l'Ouest (1).

C'est à l'intérieur de ces frontières que la Pologne va essayer de se consolider, de s'installer, de se fonder en durée. Pendant 400 ans, elle lutte sans trêve contre la poussée germanique venant de l'Ouest, sans cesse refoulée et sans cesse reprise par la confrérie des Chevaliers Teutoniques. En juillet 1410, cent mille chevaliers polonais, lithuaniens et russiens battirent les Teutoniques et brisèrent pour quatre siècles le « Drang nach Osten ». La victoire de Grünwald est toujours commémorée en Pologne comme une fête nationale. Les Allemands commencèrent alors une pénétration pacifique qui eut pour conséquence la formation en Pologne d'une bourgeoisie germanique. Ce fait doit être compté parmi les causes actives de la perte de l'Etat polonais, car il eût peut-être suffi du contrepoids d'une bourgeoisie autochtone, d'une classe laborieuse, ambitieuse et sage pour sauver le pays de l'anarchie.

Quand la Pologne parvint à refouler le Germain, elle commençait à subir la pression de son voisin de l'Est, le tzar de Moscovie, puissance nouvelle, mais Etat déjà vigoureux, plein d'un avenir immense à travers toutes les vicissitudes. La lutte va durer jusqu'au partage. C'est lorsque la Pologne aurait eu besoin d'organiser toutes ses forces contre les convoitises extérieures qu'elle s'affaiblit rapidement à l'intérieur.

La constitution intérieure du royaume polonais subit une

(1) Voir le livre de M. Grappin : *Histoire de la Pologne*, 1 vol. in-16, s. d., Paris.

transformation profonde au cours du XVe siècle. Jusque-là, la puissance politique et sociale appartenait à l'aristocratie laïque et religieuse ; mais une classe nouvelle prenait conscience d'elle-même et aspirait à l'influence politique : c'était la petite noblesse, la Szlachta.

La Szlachta : la Noblesse — Le Szlachcic, mécontent d'être exclu de la vie publique et de supporter tout le poids des guerres, commençait à faire valoir des revendications qui devinrent plus vives et plus précises au fur et à mesure qu'on avait plus besoin de lui.

L'origine de la Szlachta est obscure. Les uns la considèrent comme une race étrangère introduite en Pologne par l'invasion ; les autres pensent qu'elle est née de la chevalerie au XIIe siècle, à l'époque du partage des terres. Jusqu'au XIVe siècle, elle ne joue aucun rôle politique et ne s'occupe que de faire valoir son domaine ou son champ. Elle est très nombreuse. Au XVIe siècle, alors que l'aristocratie était réduite à une centaine de familles, la Szlachta en comptait plus de 250.000, avec un million de membres environ.

Elle comprenait trois classes : la Szlachta tout court, bien pourvue et influente ; la Szlachta pauvre, ou noblesse en sabots, qui avait pour tout domaine quelques arpents de terre et différait à peine des paysans. C'était le prolétariat nobiliaire. Cette classe de nobles vivait surtout en Mazovie et se montrait très jalouse de ses privilèges. Le Szlachcic dans son enclos est égal au palatin. Enfin la Szlachta « nue ». Ces nobles gueux étaient réduits soit à passer dans la bourgeoisie ou dans la classe paysanne, soit à entrer au service d'un autre noble, en qualité de domestique, pour conserver leur titre. En Pologne, un noble ne dérogeait que s'il exerçait un métier manuel ou un commerce de détail. Le nombre des gueux était incalculable.

La Szlachta aisée, autrement importante que les deux autres, remplissait de ses motions les diétines du XVIe siècle et fournissait les nonces qui donnaient le ton à la diète. Composée de petits seigneurs possédant un ou deux villages, rarement trois, elle comprenait plusieurs milliers de familles. Elle vécut tranquillement sur ses terres, dans une aisance médiocre, jusqu'au jour où le traité de Thorn (1466) en assurant à la Pologne les bouches de la Vistule, lui ouvrit d'immenses débouchés commerciaux. La Szlachta s'enrichit considérablement et, par là, se perdit. Elle ne pensa plus qu'à cultiver l'oisiveté et le plaisir. Au point de vue politique, elle n'admit plus ni autorité ni contrainte. Elle érigea l'anarchie en principe. La Pologne périssait en répétant le fameux dicton : « La Pologne se maintient par l'anarchie ». Jalouse jusqu'au fanatisme de ce qu'elle appelait « sa liberté dorée », elle sacrifiait la patrie à un dangereux idéal et continuait, en chevauchant, sa course à l'abîme.

Le gouvernement.
Le roi

Le gouvernement de la Pologne fut, à l'origine, une monarchie héréditaire et absolue. Mais dès le xiiᵉ siècle, elle va en s'affaiblissant. Les princes, en donnant sans compter des terres à l'aristocratie et en renonçant au droit souverain sur les terres cédées, privent le trésor de ses meilleurs revenus. L'acte par lequel Louis d'Anjou, en 1374, exempte la Szlachta de tout impôt achève de ruiner le pouvoir royal. En cas de guerre le roi, appauvri, est forcé de recourir au service gratuit de la Szlachta qui lui dicte ses conditions et lui arrache privilège sur privilège. Au xviᵉ siècle, la noblesse s'affranchit complètement. Le roi est sous la dépendance des électeurs à qui il accorde des concessions de plus en plus onéreuses. Il perd jusqu'au droit de signer les décrets qui ont force de loi ; il n'est plus guère que l'exécuteur de la loi. Sans la diète, il ne peut ni établir un impôt nouveau, ni faire une loi nouvelle, ni convoquer la pospolite, ni déclarer la guerre, ni conclure la paix, ni envoyer ou recevoir des ambassadeurs, ni se marier ni divorcer, ni désigner son successeur, ni engager ses biens.

Le pouvoir législatif

Du jour où fut créée la Chambre des Nonces (1468) pour représenter la Szlachta dans le gouvernement du pays, le pouvoir législatif appartint en commun au Roi, au Sénat et à cette Chambre réunie à la Diète.

Au xviᵉ siècle, le Sénat est composé de dignitaires qui sont tous sénateurs à vie, évêques, palatins, castellans, officiers de la couronne.

La Chambre des Nonces est la véritable assemblée délibérative. Elle discute les motions royales et vote les lois. Théoriquement elle comprend 150 membres ; mais ce chiffre n'est presque jamais atteint, parce que les nonces doivent être élus à l'unanimité par les diétines de district, et si l'unanimité n'est pas atteinte le district n'a pas de représentant.

Après avoir élu leur maréchal ou président, les nonces se rendent au Sénat pour saluer le roi et entendre les propositions royales. En leur présence, le roi demande son avis mo-

tivé à chaque sénateur et donne ensuite ses propres conclu-
sions. Après quoi, les nonces qui ont assisté muets, à la
séance, se retirent et délibèrent. Après des semaines ou des
mois de discussion les nonces apportent au Sénat leurs déci-
sions qui doivent avoir reçu l'approbation unanime. Chaque
sénateur peut alors refuser son assentiment et empêcher
ainsi l'unanimité requise pour la confection des lois. En vertu
du même principe, le roi peut s'opposer à l'adoption d'une
résolution et remettre la question à une autre diète. En
résumé, le roi propose, le Sénat opine, les nonces délibèrent,
personne ne décide.

Le veto   Parmi les institutions qui ont le
plus contribué à perdre l'État polo-
nais, il faut mentionner le *liberum veto* qui fut appliqué
pour la première fois dans une diète de 1652.

Après avoir désorganisé le pouvoir exécutif, le veto désor-
ganisa le pouvoir législatif. Ce droit de veto consistait dans le
droit individuel d'opposition, absolu et irréductible, d'un seul
contre tous. Le veto datait de la plus haute antiquité; il
était en plein exercice dans toutes les communes slaves. On
remédiait à ce droit absolu à coups de bâton, en forçant
l'opposant à voter avec la masse. Le veto existait en Russie et
en Bohême. Les Polonais ne l'ont pas inventé, mais ils en sont
morts, parce qu'ils ne l'ont pas amendé à temps, soit avec le
bâton, soit avec la loi. D'après les idées polonaises, l'individu
qui entre dans l'association politique, conserve tous ses
droits humains primitifs; il est libre de sortir de cette société,
comme aussi il peut sacrifier à l'ensemble sa liberté person-
nelle, mais il peut aussi la réclamer et supprimer la liberté
de l'ensemble du corps social qui est alors sacrifiée au droit
individuel. On n'est pas sujet du fait de la terre, du sol, de la
naissance, de la profession, de la famille, de devoirs hérédi-
taires, mais parce qu'on accepte cette société comme la plus
juste, la plus belle et la meilleure. L'individu conserve donc
le droit, non seulement de sortir de cette société, mais aussi
de la paralyser dans sa vie. Cette théorie abstraite assimile la
patrie à une religion, l'ordre social à l'ordre spirituel et il est
naturel que cette confusion engendre les pires perturbations.
La constitution polonaise, laissant à chaque individu des
droits immenses, supposait aussi des devoirs immenses et
des vertus extraordinaires, et par là même, confondait le
citoyen avec le saint ou le héros moral. Les évêques et les
sénateurs, qui constituaient le corps des sages, en Pologne,
avaient coutume de recommander aux Diètes et aux Diétines

de se préparer aux discussions publiques comme à une espèce
de sacerdoce. Ce fut peine perdue, les vertus devenant rares
et le perfectionnement moral d'une classe étant arrêté, l'association devait nécessairement se dissoudre. .

La décadence de la Pologne commença à la fin du XVIe siècle. L'élection des rois donna lieu à des troubles qui ébranlèrent l'unité nationale et facilitèrent les intrigues de
l'étranger. Au XVIIe siècle, Sigismond Wasa, le Suédois, fut le
souverain le plus néfaste de ce pays. Il jeta le royaume hors
du système des Etats occidentaux et le laissa isolé entre les
Hohenzollern et les Romanof.

La Pologne, ayant besoin d'un point d'appui extérieur,
oscilla longtemps entre l'alliance autrichienne et l'alliance
française. L'Autriche soutenait la szlachta, si bien que Jean
Sobieski, malgré ses efforts pour rattacher la Pologne à la
France, fut contraint par la noblesse de rester dans l'alliance
autrichienne. Sobieski eut comme compensation la gloire de
sauver Vienne et la Hongrie de la domination turque. La
Pologne n'y gagna rien, puisque les Habsbourg furent com-
plices du partage; mais il lui resta l'honneur d'avoir sauvé la
civilisation.

L'élection d'Auguste de Saxe, élu roi grâce à la corruption
et à un coup de force, marque le déclin. Etranger, unique-
ment soucieux de ses intérêts dynastiques, il reprit la politique de Sigismond Wasa. Détrôné par Charles XII, il fut
rétabli par Pierre-le-Grand. La bataille de Pultawa fut
l'arrêt de mort de la Pologne. A partir de cette date, elle
n'eut plus de politique, c'est-à-dire de vie extérieure.

La Pologne, dans l'Europe du XVIIIe siècle, n'est plus qu'un
anachronisme. Elle s'est laissé dépasser par le temps. Tandis
qu'elle s'ouvre d'elle-même aux intrigues et aux invasions de
ses voisins, ceux-ci se concentrent dans leur puissance. Ils
entreprennent, avec toutes les ressources de la science politique et avec la complexe organisation des Etats modernes,
le siège de cette cité du moyen âge. Elle n'oppose à l'artillerie et aux ingénieurs de l'ennemi que des défenses suran-
nées, des remparts démantelés, et une troupe de paladins
héroïques et indisciplinés.

« Dans la Pologne anarchique, dit Bobrzynski, gouver-
nait qui voulait. Chaque magnat faisait de la politique pour
son compte. Les cours étrangères se créaient des partis qui
rendaient tout gouvernement impossible. »

La Pologne était minée par un individualisme sans frein.
Elle n'avait pas de pouvoir central, pas d'union nationale. Elle
avait des milices vaillantes et brillantes, mais pas d'armée,
pas de marine, pas de places fortes. Elle n'avait pas de fron-

tières naturelles, pas de montagnes et le grand fleuve qui la traverse ne la protège pas. Elle était le champ de bataille et le champ d'intrigues des peuples du nord. Trop faible pour se défendre contre les convoitises de ses voisins, trop loyale pour déjouer les intrigues de la Prusse et de l'Autriche, elle devait périr et elle périt.

II

LES PARTAGES DE LA POLOGNE

**Le premier partage.
1772**

C'est la Prusse qui a voulu et provoqué le partage de la Pologne. En 1768, Frédéric II, voyant les armées russes tenues en échec par les légions polonaises, les hordes turques et les khans de Crimée, dévoile le projet qu'il avait toujours caressé : réunir la Poméranie et le Brandebourg à la Prusse orientale en conquérant la Prusse polonaise. Cette opération était un acte de piraterie. Frédéric n'était pas homme à hésiter pour si peu, mais il lui fallait un complice. L'Autriche s'offrit. Pour barrer la route aux ambitions russes qui déjà la menaçaient dans les Balkans et sur le Bosphore, elle s'allia à la Prusse et pour sceller cette alliance, elle renonça à la Silésie qui lui avait été arrachée en 1742.

L'Autriche apportait un concours précieux mais insuffisant. La Russie pouvait faire échouer l'entreprise si elle se portait au secours de la Pologne. Frédéric résolut de la gagner à sa cause et il employa dans ce but un moyen qui est devenu courant dans la diplomatie allemande. Il fit fabriquer de faux papiers : un soi-disant plan d'alliance entre l'Autriche et la Russie contre les Turcs. Ce document avait été trouvé, disait-il, dans les papiers du diplomate Lynar ; il comportait le démembrement de la Pologne, dont plusieurs provinces étaient attribuées à l'Autriche et à la Russie pour les dédommager des sacrifices que cette nouvelle alliance contre les Ottomans allait leur imposer. Frédéric communiqua ce plan à Pétrograd et à Vienne et fit savoir que pour prix de ses bons offices il s'attribuait la Prusse polonaise et la Warmie. La Russie hésita. Panine fit des réponses évasives. Mais l'Autriche, d'accord avec la Prusse, précipita les événements, mobilisa et envahit le comté de Zyps.

Rapprochés dans la préparation du crime, Frédéric II et Joseph II sentirent la nécessité de s'unir étroitement, de

manière à se garantir l'un l'autre contre toutes les éventua-
lités et à être assez forts pour ne se laisser arracher par
personne le fruit de leur trahison. Ils se rencontrèrent à
Neisse, en 1769, et élaborèrent le *système patriotique allemand*, convention politique et militaire, qui pèse encore sur
l'Europe et qu'il faut briser pour rendre aux peuples la liberté
et la paix.

Catherine II, inquiète et devinant l'accord des cours alle-
mandes, proposa un arrangement. Frédéric le repoussa.
Catherine dit : « Puisque l'Autriche et la Prusse prennent
les terres polonaises, pourquoi n'en prendrais-je pas? » (1771).
C'était ce que souhaitait Frédéric. La Russie avait fait le
saut. Le destin de la Pologne était fixé.

N'ayant plus rien à craindre de la Russie, sûr de l'Autriche,
Frédéric II jette le masque et entre brusquement en scène.
Il fait enlever 7.000 jeunes filles en Pologne et les donne pour
femmes à ses grenadiers. Il exige que les familles de ces
malheureuses leur fournissent une dot qu'il fixe à une vache,
3 porcs, 3 ducats, un mobilier et 4 oreillers. Il enlève et
incorpore les jeunes gens en âge de porter les armes.

Après avoir volé et pillé ses voisins, il entend légitimer
ses exactions et il donne ordre à ses diplomates de glisser
dans ses archives des pièces qui établiront ses droits sur
les provinces et les villes dont il va enrichir son royaume.
Après des marchandages et des négociations où la perfidie et
le mensonge dictent chaque parole, inspirent chaque atti-
tude, le démembrement de la Pologne est décidé et la
convention signée le 15 juin 1772. La Prusse et l'Autriche se
précipitent sur leur proie; mais elles se regardent en gron-
dant, comme des dogues occupés à dévorer le même lam-
beau de chair : « Permettez-moi de vous dire, écrit Frédéric
à Swieten, que vous avez bon appétit ». Et c'est à qui
empiètera sur le lot qu'il s'était attribué dans le partage.
Nulle règle, nul frein, nul respect des engagements. On ne
se contente pas d'anéantir une nation, de fouler aux pieds
toutes les lois de la justice et de l'humanité, on raille la
victime. Frédéric écrit au prince Henri, le 9 avril 1772 : « Cette
affaire de Pologne réunira les trois religions grecque, catho-
lique et calviniste (Russie, Autriche et Prusse), car nous
communions d'un même corps eucharistique qui est la
Pologne, et si ce n'est pas pour le bien de nos âmes, ce sera
sûrement pour le bien de nos États. »

Un tel attentat jeta un trouble profond dans les consciences ;
les cœurs les plus indifférents tressaillirent, mais les gouver-
nements et les peuples ne tentèrent aucun effort pour empêcher le forfait de s'accomplir. La Pologne fut démembrée par

les nations qui avaient été ses vassales ou ses obligées.
En 1683, Kara-Mustapha ayant mis le siège devant Vienne,
l'Autriche s'était tournée vers le vainqueur de Khotin,
l'avait supplié de secourir la chrétienté. Sobieski était
accouru avec ses Polonais, avait dispersé les hordes turques
et sauvé Vienne. Les prêtres l'avaient exalté, les poètes
l'avaient chanté et moins d'un siècle après, l'Autriche poi-
gnardait la Pologne.

Le droit de la force se substituait au droit des gens. La
politique de fourberie et de guet-apens, inaugurée à cette
date par la Prusse et par l'Autriche, portait en germe toutes
les guerres qui depuis ont ensanglanté l'Europe et la catas-
trophe mondiale dont nous sommes les témoins.

Le second partage. 1793   Après le premier partage, la
Pologne, quoique très diminuée et
très affaiblie, restait un Etat. La Russie et l'Autriche étaient
disposées à la laisser vivre. La Prusse ne le voulut pas. Il
lui fallait Dantzig et Thorn et la disparition de ce qui restait
de la République Royale. Ne se croyant pas assez forte pour
achever la moribonde, sans le concours de ses premiers com-
plices, elle usa de ruse. Le malheur avait mûri la Pologne.
Tous les Polonais qui aimaient sincèrement leur patrie
avaient compris qu'ils ne la sauveraient que par de grandes
réformes. Il fallait supprimer ce *liberum veto* qui dissolvait
la nation, ces capitulations qui enchaînaient le pouvoir, ces
confédérations qui déchiraient l'Etat. Il fallait établir un
impôt; remplir le Trésor au lieu de le piller; substituer des
régiments de ligne et une artillerie à cette tumultueuse et
brillante pospolite. Il fallait éveiller à la vie civile, intéresser
au sort de la patrie cette masse énorme d'habitants encore
étrangers à la vie de la nation, les traiter en citoyens si l'on
voulait un jour les appeler à la défense de la cité. Telles
étaient les pensées qui agitaient les patriotes polonais,
lorsque se réunit, en 1788, à Varsovie, cette diète fameuse qui
semblait destinée à régénérer la République. La Prusse épiait
ce mouvement. Son instinct lui fit voir le parti qu'elle en
pouvait tirer et elle le favorisa. Elle encouragea la Pologne
à se donner une bonne constitution. Elle lui offrit ses conseils.
Elle signa même avec elle un traité d'alliance et, cela fait, elle
la poussa, en exploitant sa fierté nationale, à toutes les
manifestations qui pouvaient inquiéter la Russie et provoquer
une rupture. La rupture se produisit et lorsque les armées
russes menacèrent la Pologne, la Prusse déclara son traité
d'alliance nul et livra sa nouvelle alliée.

Le second partage de la Pologne eut lieu en 1793. L'Autriche n'y fut pas admise. La Prusse s'empara de tous les territoires qu'elle convoitait encore. Elle venait d'être vaincue à Valmy; elle déclara qu'elle ne continuerait la lutte contre la France que si elle trouvait à l'Est les compensations aux dommages et aux périls auxquels elle était exposée à l'Ouest.

La Pologne comprit alors de quelles machinations elle avait été victime. Elle découvrit les trahisons de la Prusse et vit qu'elle n'avait pas de plus mortelle ennemie. Mais il était trop tard. Il ne lui restait plus aucun moyen de salut.

Le troisième partage.
1795

Le dernier partage de la Pologne eut lieu en 1795, au moment où l'Autriche était battue sur le Roër et sur le Rhin et où la Prusse était obligée de nous livrer Mayence.

Frédéric II a écrit dans ses Mémoires : « L'Autriche et la « Russie étant d'accord avec la Prusse, il n'y a qu'un obstacle « au partage de la Pologne : la France. L'heure est propice « et le *partage est possible : la France dort.* »

C'est la rapacité des deux maisons des Habsbourg et des Hohenzollern qui a détruit cette « Société des Etats » qui caractérisait la vieille Europe et qui ne pouvait subsister sans une France forte.

Ce sont les Habsbourg et les Hohenzollern qui, par le démembrement de la Pologne, ont ouvert la question d'Orient dont la solution longtemps cherchée a fini par amener le bouleversement du monde.

Le partage de la Pologne ne constituait point par lui-même une innovation dans les rapports des Etats tels qu'on les comprenait au xviii⁰ siècle dans les chancelleries. C'est ce qui explique comment il put être si aisément et si tranquillement négocié, et, comment, lorsqu'il fut consommé, il ne souleva que des protestations platoniques, bien que, en réalité, il blessât tant d'intérêts. Mais, en signant ce partage, les monarchies de droit divin ébranlèrent elles-mêmes les fondements de leur propre édifice. Les signataires des traités de 1772, 1793 et 1795 furent, sans s'en douter, les précurseurs de la Révolution, et cette révolution, pour renverser leurs trônes et bouleverser leurs empires, n'aura qu'à retourner contre eux leur propre conduite et à imiter leurs exemples (1).

Cette révolution fournira aux peuples démembrés le principe de vie d'après lequel ils pourront ressusciter et revivre.

(1) Albert Sorel : *L'Europe et la Révolution*, t. I.

Une royauté élective et faible, une noblesse anarchique, la pratique effrénée d'un individualisme primitif et d'une liberté de la steppe ont perdu l'État polonais. Nous allons voir par la vertu de quelles idées créatrices, par le mérite de quel travail et de quel splendide effort et dans quelles circonstances grandioses, une nation renaît pour reprendre sa place historique et son rôle chevaleresque dans l'Europe du « droit des peuples. »

III

RÉSURRECTION DE LA NATION POLONAISE

Au cours du xix⁰ siècle, la question polonaise se présente sous deux aspects : un aspect extérieur et un aspect intérieur.

A l'intérieur, du dernier partage au Congrès de Vienne, de 1795 à 1815, les Polonais sont mêlés à l'épopée française et sont mûs par l'espérance que Napoléon refera la Pologne. De 1815 à la dernière convulsion de la politique insurrectionnelle de l'émigration, en 1863, ils font appel aux nations libérales d'Occident, à la France en particulier. Cette période de manifestations, au nom des plus nobles sentiments de l'humanité, exprimés avec des mots qui paraissent d'autant plus grands que chaque peuple commence à se courber sous le poids de ses propres affaires, forme, aux yeux des esprits réalistes, un chapitre de psychologie romantique. De la défaite de la France, en 1870, à la guerre européenne, en 1914, la question polonaise apparaît à l'Occident, soumis à l'hégémonie de la *Realpolitik*, comme une histoire d'un autre temps.

Mais, à l'intérieur de chaque État copartageant, sous les agitations provoquées par les mesures de dénationalisation ou par les luttes de races, la Pologne, tout en continuant à prendre à témoin la conscience universelle de ses malheurs particuliers, s'adonne à un travail intensif dans tous les ordres de l'activité moderne, organise ses forces productives, se constitue économiquement, socialement et moralement en nation. Dans le dernier demi-siècle, il s'est produit là un des événements les plus importants de l'histoire contemporaine. Il faut en faire voir la nature avec d'autant plus de soin que le caractère extérieur de la question polonaise l'a fait méconnaître à peu près complètement. D'autre part, le travail d'une race, s'exprimant dans une langue donnée, se différenciant des races voisines par la pensée et par les croyances, se maintenant une par l'unité de foi, concentrant toutes ses forces sous la pression des circonstances et sous l'attraction d'un idéal national, est un spectacle digne d'être proposé à la méditation des hommes d'État, car il a produit dans les idées, dans les mœurs, dans les méthodes d'organisation et de production du peuple polonais, un changement radical.

La nation polonaise La Pologne historique du premier partage (1772) avait 750.000 kil. carrés environ, sur la superficie desquels vivent aujourd'hui 40 millions d'habitants. La Pologne ethnographique dont les frontières précises à l'Ouest, sont plus indécises à l'Est, couvre une superficie de 270.000 kil. carrés. La population proprement polonaise comptait, au recensement de 1910, près de 25 millions d'âmes; elle se répartit de la façon suivante :

En Russie :

Royaume de Pologne	9.100.000
Lithuanie, etc	2.438.000
Empire	460.000
	11.998.000

En Autriche-Hongrie :

Galicie.	4.672.000
Spisz, Crava, etc.	200.000
Silésie de Cieszyn	235.000
Bukovine	36.000
Autres provinces.	36.000
	5.179.000

En Allemagne :

Duché de Posnanie.	1.291.000
Prusse occidentale.	604.000
Prusse orientale.	286.000
Silésie prussienne	1.338.000
Westphalie.	580.000
	4.099.000

Colonies :

Amérique du Nord.	3.100.000
Amérique du Sud	100.000
Europe	100.000
Autres parties du globe	30.000
	3.330.000

TOTAL.	24.606.000
EN EUROPE	21.376.000

Le peuple polonais est l'un des peuples les plus prolifiques du monde. Si la progression de sa natalité suit dans l'avenir la courbe qu'elle a suivie dans le dernier demi-siècle, il comptera bientôt 40 millions d'âmes.

Les classes sociales La trame sociale de la nation polonaise reconstituée se compose :

a) D'une classe de paysans solidement plantée dans le sol et merveilleusement armée pour le rendement intensif, par ses syndicats professionnels et son système bancaire.

b) D'une classe ouvrière en formation, susceptible de devenir une concurrente redoutable, parce qu'elle représente une main-d'œuvre inépuisable, vaillante et tenace.

c) D'une bourgeoisie de formation récente, hardie, entreprenante, qui travaille avec allégresse, aujourd'hui, à la conquête de la richesse, demain à la conquête du pouvoir.

d) D'une aristocratie qui s'est ressaisie, retrempée, rénovée, replacée dans son rôle et qui sert magnifiquement le peuple et, partant, la nation.

Tous ces éléments élaborent, dans les partis politiques solidement organisés, une élite capable d'assurer la vie à un Etat et, au besoin, de lui fournir des chefs.

Après la trame sociale, il faut regarder la distribution des hommes sur le sol, montrer le rapport des hommes aux choses et en déduire les possibilités politiques de l'avenir.

Le sol polonais est soumis à un mouvement intensif de morcellement d'une part, et de concentration industrielle, d'autre part, qui a pour conséquence la démocratisation rapide. Cependant la Pologne est un pays où le caractère agricole domine encore avec toutes ses conséquences morales, sociales, politiques, qu'il faut projeter sur l'avenir pour comprendre l'importance de cette remarque.

Résistance à la germanisation La bataille la plus âpre que les Polonais ont eu à soutenir pour défendre leur nationalité, c'est la lutte pour le sol, et c'est en Prusse qu'elle s'est livrée (1). Elle est marquée par trois lois iniques :

La loi de colonisation, en 1886 ;

---

(1) Voir l'ouvrage de M. Henri Moysset : *L'esprit public en Allemagne vingt ans après Bismarck*, Paris, F. Alcan, 1911.

La loi d'interdiction de bâtir en 1904;

La loi d'expropriation, en 1908.

Une Commission de colonisation fut instituée à Posen, en 1886, dans le but de racheter progressivement la propriété foncière polonaise pour la faire passer aux mains des Allemands. De 1886 à 1914, le gouvernement a dépensé dans ce but : *1 milliard 300 millions*. Une ligue pour les Marches de l'Est, groupant les plus ardents pangermanistes, connus sous le nom de « Hakatistes », a secondé, avec une fougue sans scrupule, les projets du gouvernement.

Voici les résultats : En 1908, sur *335.400 hectares* achetés par la Commission de colonisation, *106,120 hectares* seulement provenaient de mains polonaises : plus des 2/3 avaient été vendus par les Allemands. Le paysan allemand, en effet, offre son domaine à la Commission, avec menace de le livrer à l'acheteur polonais. Parfois il vend à réméré à un Polonais pour obliger la Commission à « sauver ce bien », c'est-à-dire à le lui acheter.

Devant l'échec de la loi de colonisation, la Prusse chercha un autre moyen pour déraciner les Polonais. Elle vota, en 1904, une loi en vertu de laquelle il était interdit à tout Polonais de construire une maison d'habitation sur la parcelle de terrain qu'il avait achetée, c'est-à-dire conquise dans la lutte pour le sol et contre la germanisation. Le paysan ne céda pas. Il achetait la terre, construisait son étable et logeait avec ses bêtes, ou bien s'installait dans la maison roulante du berger et y vivait fier comme un vieux guerrier de l'ancienne Pologne.

Cette nouvelle défaite de la germanisation jeta la Prusse dans un accès de fureur aveugle. Au lieu de reconnaître son erreur et d'essayer de la politique de conciliation, elle se jeta à corps perdu dans la politique de combat et proposa la loi qui octroyait à la Commission de colonisation le droit d'exproprier, sans conditions, les terres polonaises. Un député conservateur, M. de Oldenbourg, posa clairement et brutalement le problème. « Vous affirmez, dit-il en s'adressant aux « Polonais, que vous voulez la paix; mais qu'entendez-vous « par une paix qui ne rallie pas vos pensées à l'Etat prus- « sien? ... Si vous ne voulez pas donner vos cœurs, messieurs, « alors nous devons prendre vos terres... L'Etat vous demande « de reconnaître que la domination de la maison de Hohen- « zollern et de la Prusse sur les pays polonais annexés est « définitive et non provisoire... Derrière vous est anéanti « pour toujours le royaume de Pologne; devant vous est « l'Etat prussien qui n'a pas encore accompli sa mission « dans le monde. » Si donc les Polonais ne veulent pas renier

leur histoire, dépouiller leur nationalité et se faire un cœur allemand, la Prusse leur arrachera le seul bien qui leur reste, la terre natale, en vertu de la raison d'État et du droit du plus fort.

Cette mesure émut le monde entier parce qu'elle est le plus dangereux précédent qui puisse être invoqué contre la forme moderne de la propriété; parce qu'elle constitue le défi le plus cynique qui ait été porté depuis les invasions barbares à la justice, à la dignité humaine et aux principes élémentaires de la morale admise par les peuples civilisés.

En Prusse même elle rencontra des résistances. Le maréchal comte de Hœseler, parlant à la Chambre des Seigneurs, repoussa dédaigneusement « la raison nationale ». invoquée par le Gouvernement comme un prétexte misérable et déclara qu'il refusait « de se battre contre un adversaire sans armes ». Le cardinal Kopp s'éleva contre le projet de loi, au nom de la conscience morale. Il signala l'inquiétude qu'il soulèverait dans un État voisin, allié de l'Allemagne. Mais le baron de Rheinbaben, ministre des finances, coupa court à ces préoccupations sentimentales. « Si on fait ce qui est nécessaire à « notre propre intérêt national, affirma-t-il, on n'a pas besoin « de s'inquiéter si un soi-disant sentiment moral est invoqué « ou non au dehors de nos frontières. »

Le gouvernement, interprète de la pensée impériale, la bureaucratie et le parti militaire soutenus, selon le mot du comte Praschma, par « une presse d'un chauvinisme effroyable » triomphèrent de tous les scrupules. La loi fut votée le 16 janvier par la Chambre des Députés et elle fut adoptée le 28 février par la Chambre des Seigneurs.

Elle a été appliquée en 1912. Quels résultats aurait-elle donnés? Aucun, si on en juge par l'effet des lois de 1886 et de 1904.

Constitution économique de la nation

Des colonnes de chiffres, où s'inscrivent les mouvements de l'épargne, la concentration des efforts du monde rural et l'expression de la volonté collective, sont la meilleure image de l'activité de la Pologne. De ces chiffres se dégage un sens symbolique et profond; toute l'allégresse d'un peuple qui est ressuscité à la vie nationale et qui affirme sa maturité sociale et la mesure de sa capacité d'organisation politique. Les documents les plus instructifs à ce sujet sont fournis par les statistiques des sociétés coopératives.

Tableau des Sociétés coopératives de crédit en Pologne en 1912

NOMBRE D'INSTITUTIONS	NOMBRE D'ADHÉRENTS	PARTS SOCIALES	RÉSERVES	PRÊTS
2.686	1.307.120	157.748.164 Francs	59.728.089 Francs	1.330.090.586 Francs

ACCROISSEMENT DEPUIS 1900

610 %	439 %	581 %	286 %	458 %

La proportion des paysans dans ces institutions est représentée par les chiffres suivants :

67 0/0 en Pologne ;

82 0/0 en Pologne russse ;

91 0/0 en Pologne autrichienne.

Dans le Royaume, la petite propriété paysanne n'a cessé de se développer. Entre 1870 et 1909, elle a acquis : 1.493.600 hectares, soit 13 0/0 de la superficie totale du pays.

Dans la Lithuanie et en Ruthénie blanche, malgré les lois d'exception sur l'acquisition des terres, elle a augmenté de : 2.000.000 d'hectares.

En Galicie, de 1859 à 1914, elle s'est accrue de : 454.000 hectares.

En Posnanie, de 1886 à 1914, malgré une législation draconienne tendant à paralyser le mouvement des terres, au lieu de reculer, elle a conquis 300.000 hectares, répartis en des exploitations de 2 à 20 hectares.

Production agricole — Depuis le temps où la mauvaise réputation de l'agriculture polonaise était proverbiale, où, dans ces plaines abandonnées et désolées, « lièvres et renards se disaient bonne nuit, » des progrès immenses ont été accomplis et c'est, pour l'Occidental, un émerveillement de voir les récoltes magnifiques que portent ces terres maigres.

La production agricole de la Pologne prussienne par rapport à celle de l'Allemagne donne les proportions suivantes :

1915	TONNES	
Pommes de terre	14.178.000, soit 26 0/0	de plus que
Blé, seigle, avoine, orge	4.512.000, — 21 0/0	celle de
Betteraves à sucre . . . . , . . .	2.216.000, — 26 0/0	l'Allemagne

De ces produits, l'Allemagne a consommé en 1915 :

Pommes de terre. . . .   7.300.000 tonnes, soit   51 0/0
Blé, seigle, etc. . . . . .   1.720.000   —   —   38 0/0
Betteraves . . . .   815.000   —   —   37 0/0

Sans le ravitaillement que l'Allemagne a tiré de la Pologne prussienne, la pression du blocus aurait été plus lourde et plus efficace.

Les terres arables dépassent la proportion moyenne de 50 0/0. Dans le Royaume, elle atteint 56 0/0; en Posnanie 53 0/0. Le prix de la terre a doublé en 12 ans, dans le Royaume. Un hectare, acquis par l'intermédiaire de la banque des paysans coûtait 388 francs en 1900, et 757 francs en 1912. Par suite de la concurrence de la Commission de Colonisation, la statistique établit que l'hectare valait au cours de l'année 1912 en Posnanie, 1.165 francs et en Prusse occidentale, 1.777 fr.

En Galicie, le prix de la terre fluctue entre la valeur qu'elle a dans le Royaume et celle qu'elle a en Posnanie.

Le paysan — Dans les trois parties de la Pologne, d'innombrables associations agricoles, qui sont sociétés d'achat et de vente en même temps que sociétés bancaires, englobent toute l'activité rurale, régularisent la valeur des produits, cherchent des débouchés, aident le petit paysan, l'ouvrier agricole à faire leur ascension sociale, par des prêts gagés sur caution morale, avivent ce désir de la terre qui est la caractéristique la plus sûre des progrès économiques, sociaux et politiques d'un peuple. Les paysans sont là; pendant mille ans d'histoire, nous ne les avions pas rencontrés. Et les voici. Ils sont le soubassement de la nation polonaise comme de toutes les nations modernes.

Mais voici d'autres chiffres, derrière la somme prestigieuse desquels il faut voir une bourgeoisie puissante et éclairée, une armée active et intelligente d'ouvriers en formation.

L'industrie. — La Houille — Le territoire de l'ancienne République Royale de Pologne est susceptible d'un développement industriel considérable, parce qu'il est particulièrement favorisé sous le rapport des matières premières. Le bassin polono-silésien renferme : 94 milliards de tonnes de houille exploitable, sous une superficie de 5.700 kilomètres carrés. C'est dans la Silésie prussienne

(58 milliards de tonnes), et dans la Galicie (33 milliards de tonnes), que se trouvent les plus vastes gisements.

L'exploitation dés bassins polono-silésiens, en 1911, a donné 52.120.334 tonnes.

La production de la houille, dans la Pologne prussienne, s'est élevée, en 1913, à 44 millions de tonnes, soit 23 0/0 de la production totale de l'Allemagne.

La Pologne prussienne possède, en outre, du zinc et du plomb. En 1913, la production de ces métaux est représentée par les chiffres suivants :

Zinc.	203.000 tonnes, soit	67 0/0	}	de la production totale de l'Allemagne.
Plomb. . . ,	50.000 «	« 49 0/0	}	

Le Pétrole — C'est en Galicie, au nord des Carpathes, que se trouve l'un des plus importants gisements de pétrole du monde.

Sa longueur est de 363 kilomètres, sa superficie de 8.000 hectares.

On évalue à 470 millions de quintaux environ, la quantité de naphte qu'il contient.

La production de la Galicie s'est élevée, en 1910, à 17 millions 1/2 de quintaux représentant une valeur de 46 millions de francs.

En 1910, il y avait 334 exploitations pétrolifères en activité, occupant 5.500 ouvriers.

Production industrielle — Le développement industriel est en raison directe de la richesse en matières premières, ce qui prouve que, malgré les difficultés de toute nature qu'ils ont eu à vaincre, les Polonais ont suivi le mouvement général du monde moderne.

Dans le royaume, il y avait :

En 1877, 8.390 établissements industriels, occupant 91.000 ouvriers, donnant un rendement de 275 millions de francs.

En 1910, 11.953 établissements occupant 400.000 ouvriers, donnant un rendement de 2 milliards 300 millions de francs.

En Pologne prussienne, il y a : 66.000 établissements industriels occupant 530.000 ouvriers.

En Galicie, il y a 4.463 établissements, occupant 106.000 ouvriers, donnant un rendement de 640 millions.

Le développement commercial est, de son côté, proportionnel au développement industriel et ces deux formes d'activité ont fait faire des progrès considérables aux voies de communication.

Les voies fluviales ont été l'objet d'une politique particulièrement attentive, facilitée par l'admirable réseau artériel que représente le bassin de la Vistule. Elles rendent d'immenses services pour le transport des voyageurs et surtout des marchandises.

De ces chiffres (1) qui concrétisent en quelque sorte le droit de la Pologne à la vie et à la souveraineté, en tant que nation, il faut dégager un fait important. La vie économique de la Pologne tout entière, par-dessus les barrières et de tronçon à tronçon, s'est organisée unitairement pour former un tout économique, avec un cœur régulateur.

a) Chaque partie, séparée de l'ensemble, a conservé et accentué son caractère économique propre.

b) L'évolution économique des trois parties a tendu à élever des barrières du côté de chaque État copartageant et à créer un marché polonais indépendant.

c) L'indépendance politique est l'aboutissement naturel d'une évolution économique lente, mais méthodique et dirigée selon des principes et des buts nationaux.

Toutes ces réalités exprimant des idées, les ordonnant pour l'action politique, ont été élaborées par une conscience nationale de formation récente, ayant à peine un demi-siècle.

IV

CONSCIENCE NATIONALE ET VOLONTÉ GÉNÉRALE DE LA POLOGNE

La conscience nationale En 1815, 1831, 1846, 1848, 1863, il y avait aussi une conscience polonaise; mais elle n'était le fait que d'une classe ou de l'élite de différentes classes, tandis qu'aujourd'hui, elle est le fait de la masse de la nation.

La nouveauté, l'événement prodigieux, dans cette histoire, c'est que, en cinquante ans, un peuple de plus de 20 millions d'habitants soit parvenu tout entier à sentir, à penser, à vouloir identiquement sur l'idéal national. Comment s'est opéré

(1) Voir la *Petite Encyclopédie polonaise*, excellent recueil publié sous la direction de M. Erasme Piltz, 1 vol. in-8, 1916.

ce travail ? Une grande dame polonaise racontait à un de mes amis, il y a quelques années, à Posen, qu'elle avait vu dans la chaumière d'un paysan trois portraits : le pape Léon XIII, le héros national Kosciusko et Bismarck. « Comment, dit-elle, tu admires Bismarck ? — *Oui, répondit le bonhomme, parce qu'il m'a obligé à découvrir et à aimer la patrie polonaise.* »

La Pologne prussienne a été, en effet, le point de cristallisation de la conscience polonaise moderne, parce que le gouvernement prussien s'est attaqué à ce qu'il y a de plus essentiel, de plus irréductible : la *langue* et la *terre*.

Bismarck avoue, dans ses Mémoires, que la nécessité de commencer le Kulturkampf s'imposa à lui par le côté polonais de la question. En 1872, en effet, le clergé fut chassé des collèges polonais et remplacé par des délégués du gouvernement. En 1873, ce fut le tour de la langue polonaise qui fut interdite dans l'enseignement primaire et remplacée par l'allemand. On sait quelles luttes s'ensuivirent qui, au point de vue religieux, s'étendirent à toute l'Allemagne. Au point de vue polonais, les résultats furent les suivants :

1° Toutes les classes se liguèrent pour défendre leur religion et leur langue qui, pour des persécutés, sont des biens qui valent l'un par l'autre. Elles restèrent unies après le voyage de Bismarck à Canossa et de cette union sortirent les associations agricoles de paysans, le formidable système bancaire, groupant toutes les classes et toutes les institutions qui ont permis aux Polonais de résister aux persécutions contre la religion, la langue, la terre et de vaincre le germanisme.

2° La Silésie, détachée de la Pologne depuis le moyen âge et habitée par une population que l'on surnommait « Wasserpolaken », (Polonais aquatiques), au nombre de 1.500.000, s'est subitement reconnue et proclamée polonaise et a pris immédiatemment sa part de sacrifices dans la lutte pour la nationalité. En 1904, pour la première fois, la Haute-Silésie a envoyé au Reichstag un député polonais.

En 1887, la langue polonaise fut expulsée des programmes. En 1900, elle fut interdite dans l'enseignement religieux. En 1907, eut lieu l'affaire de Wreschen où quatorze petits enfants furent roués de coups par les instituteurs prussiens. La loi sur les associations, en 1908, compléta cette œuvre de dénationalisation par l'interdiction de la langue dans les réunions publiques.

Tout cela, c'est le passé. L'avenir se dessine maintenant devant cette génération d'hommes qui, depuis 30 et 40 ans, luttaient sans espoir, car pouvait-on espérer l'affreux cataclysme de l'Europe ? Et l'avenir se dessine conforme à l'idéal rêvé.

Tous les belligérants ont pris parti sur le sort de la

Pologne. Les Empires centraux songent à un quatrième partage et cherchent un roi pour un simulacre de royaume. Les Alliés ont proclamé leur inébranlable volonté de restaurer dans son unité et dans son indépendance la nation polonaise. Et le président Wilson, chef de la plus grande démocratie du monde, proclamant l'inviolabilité du droit des peuples, a choisi comme l'un des exemples de ce droit la Pologne.

Comment se présente aujourd'hui la question de Pologne

Pendant un siècle, les trois États co-partageants eurent une politique concertée pour empêcher que la question polonaise, aux différentes crises qu'a traversées l'Europe au cours du XIXe siècle, fût soulevée comme un problème international.

Dès la déclaration de guerre, la Russie, par la proclamation du Grand Duc Nicolas, souligna l'importance européenne de la Pologne. Pendant deux ans les Empires centraux espérèrent que la politique secrète, basée sur la complicité des partages, pourrait être reprise à Pétrograd et ils ne se décidèrent, à la fin de 1916, à reviser le problème polonais que lorsqu'ils eurent perdu tout espoir de paix séparée avec la dynastie des Romanoff.

A ce moment, la Commission des Affaires extérieures de la Chambre des Députés vota l'ordre du jour suivant, qui fut transmis au Président du Conseil :

« La Commission des Affaires extérieures, des Protectorats et des Colonies, fidèle aux traditions immuables de la France, considère comme un acte de justice et de prévoyance politique nécessaire la solution du problème polonais.

L'Allemagne et l'Autriche, en proclamant la constitution d'un royaume de Pologne indépendant, formé d'un seul tronçon de la Pologne démembrée, et en faisant du nouveau royaume un instrument de leur politique, ont imprimé au problème polonais un caractère international et une portée militaire qui commandent l'attention des Alliés.

Les Empires du Centre poursuivent un triple but :

1º — Recruter des armées dans les territoires de la Pologne russe qu'ils occupent momentanément, ce qui constitue une violation du droit des gens et des conventions internationales ;

2º — Consolider dans leurs mains la possession des provinces polonaises qu'ils ont annexées, ce qui équivaut à un nouveau partage de la Pologne ;

3º — Créer une Europe centrale composée d'États économiquement et militairement tributaires de l'Allemagne, ce qui prolongerait l'hégémonie allemande au-delà de la guerre et rendrait impossible la conclusion d'une paix solide et durable. ·

La nation polonaise ne peut renaître en un corps vivant et fort, libre dans sa religion, dans sa langue et dans son autonomie, que si elle est reconstituée dans son intégrité ethnographique et politique. »

La question de Pologne doit être envisagée à un double point de vue :

a) Le point de vue des empires centraux;

b) Le point de vue des Alliés qui se confond avec le point de vue de l'immense majorité des Polonais.

1° — La politique des empires centraux et plus particulièrement de l'Allemagne à l'égard de la Pologne *est conçue en fonction de la formation du Mitteleuropa*, c'est-à-dire d'une *augmentation de puissance* politique et économique de l'Allemagne.

Toutes les mesures politiques prises à l'égard de la Pologne sont ou provisoires et illusoires, ou bien elles n'ont pour objet que de traiter la Pologne en pays conquis, sans tenir aucun compte du principe des nationalités.

2° La politique des Alliés s'inspire du droit des peuples à disposer d'eux-mêmes, se propose de *reconstituer l'unité polonaise, de proclamer son indépendance*, de constituer une Pologne forte, un État puissant. Telle qu'elle se présente aujourd'hui, la question de Pologne est bien le facteur primordial du futur équilibre européen; car, d'une part, l'Allemagne tend à *annexer*, sous le prétexte d'un royaume de Pologne autonome, le *bassin vistulien au bassin de l'Elbe et du Danube, pour constituer la puissante unité politique et économique qui séparerait à jamais l'Europe occidentale de l'Europe orientale.* D'autre part, les Alliés, d'accord avec les Polonais, veulent *réaliser par l'unification des terres polonaises et l'indépendance du nouvel État une politique de principe qui concorde avec une bonne, saine et clairvoyante politique d'intérêts.*

L'unité de la Pologne — Il s'agit de réunir en un seul et même corps d'état la Pologne prussienne, la Pologne autrichienne et la Pologne russe. Il s'agit de rendre la vie et l'avenir à une nation qui n'y a jamais renoncé.

Il importe au premier chef que la Pologne prussienne fasse retour dans son intégralité à la Pologne reconstituée; c'est une question de vie ou de mort pour le nouvel état. Et il est de l'intérêt européen que l'Allemagne soit affaiblie sur ce point, c'est-à-dire sur le territoire même où, par la politique de colonisation que l'on connaît, est cultivé et se multiplie le militarisme prussien.

Cet aspect de la question n'échappait pas à Bismarck. En 1848, à une heure passagère où la politique démocratique enthousiasma l'Allemagne, il fut question de donner à la Pologne prussienne une certaine autonomie. Quelques esprits libéraux allèrent jusqu'à parler de reconstitution de l'ancienne Pologne. Bismarck, qui était encore un inconnu, jeune député à la Diète prussienne, poussa un cri d'alarme contre ce qu'il appelait les sensibleries de l'époque :

« Si nous perdions, dit-il, la *Posnanie* et la *Prusse occidentale*, les meilleurs tendons de la Prusse seraient coupés. »

Donc, l'intérêt des Alliés se confond avec l'intérêt polonais et les garanties indispensables pour fonder la paix sur le droit cautionnent les droits du peuple polonais.

<table>
<tr><td>L'Indépendance et la souveraineté de la Pologne</td><td>Autonomie, indépendance, souveraineté; sont autant d'étapes de la vie des nationalités aspirant au droit de disposer d'elles-mêmes.</td></tr>
</table>

Sous quelle forme peut se constituer la souveraineté de la Pologne? Voilà une question qu'il faut laisser aux intéressés le soin de discuter, de décider, de régler.

Le problème le plus important que soulève l'indépendance des États nouveaux est celui des alliances, des fédérations, que, par la force des choses, ils seront obligés de contracter ou de subir. Le monde moderne est entraîné dans un mouvement de fédérations universelles, fédération économique et fédération politique. C'est le régime menaçant que l'Allemagne veut constituer au centre de l'Europe.

Quelle sera la position de la Pologne par rapport à ses voisins? Voilà une autre question dont l'intérêt ne saurait nous échapper. Que la Pologne conçoive une sorte de fédération avec les États slaves qui sont comme les pionniers avancés du slavisme dans l'Europe centrale, c'est une vue d'avenir qui a sans doute retenu l'attention des hommes d'État polonais. Une alliance de la Pologne avec la Bohême et la Yougoslavie constituerait une puissante barrière entre le germanisme et la Russie. Elle serait en même temps une force protectrice pour l'Occident, un contrepoids de la plus

grande importance pour les nations qui, comme la France,
montent la garde sur le Rhin.

Quelle sera la position de la Pologne unifiée et indépendante par rapport à la Russie fédérale? Si le plan de guerre
et surtout le plan de paix des Alliés est couronné d'un
plein succès, les relations entre les deux pays ne peuvent
être qu'excellentes. La Pologne sera la sentinelle avancée
de la Russie en face de l'Allemagne.

L'armée polonaise   La constitution d'une armée
polonaise est un fait d'une haute
importance pour l'indépendance de ce pays. Le gouvernement
français a compris la portée juridique, dans une guerre
de principes, de la constitution d'une armée nationale au
service d'un Etat qui tend à recouvrer son indépendance
et sa souveraineté. Si l'armée polonaise se constitue en
force et met au service des Alliés des effectifs nombreux qui
se battront avec les traditions de bravoure et la fougue des
légions polonaises au service de la France révolutionnaire
et napoléonienne, elle sera d'un poids appréciable dans la
décison de la victoire finale.

Nous ne doutons pas que les Polonais ne fassent tout ce
qui est en leur pouvoir pour constituer une armée qui soit la
représentation de leur volonté de renaître comme nation.

En tout cas, à côté des légitimes considérations d'intérêt,
la France était dans son rôle en reconnaissant l'importance
de la création d'une armée polonaise : elle se félicite d'avoir
renoué les traditions glorieuses qui relient nos deux nations,
et d'avoir ajouté des bataillons aux armées qui combattent
pour la justice et pour le droit.

La nation polonaise libérée et restaurée comme Etat dans
la nouvelle Europe reconstruite, sera un élément de stabilité
et d'équilibre, en face des peuples germaniques; elle sera, en
outre, un des centres de gravitation de tous les petits
peuples slaves qui cherchent aujourd'hui leur pôle d'attraction. La Pologne renaîtra au nom des principes posés à
l'époque même où elle était dépecée au nom du droit de
conquête. Enfin, la Pologne reconstituée et souveraine
formera, dans le concert de l'Europe future, une nation de
plus qui, par son passé glorieux, par les services qu'elle a
rendus à la civilisation et par son admirable volonté de
vaincre et de revivre au cours du xixe siècle, fera figure
de vieille nation parmi les nations nouvelles sorties de la
grande guerre libératrice.

Qu'est-ce qu'une nation, si la Pologne démembrée, déchirée, asservie, rayée de la carte du monde a pu survivre à ses épreuves et peut demain constituer une nation? — Une nation c'est plus qu'un groupement humain uni par la communauté des origines et de la langue; c'est plus qu'une agrégation d'hommes rassemblés dans les mêmes frontières, soudés par des institutions politiques, par une religion, par un passé d'efforts et de vertus, de gloires et de deuils; une nation, c'est un ensemble de forces spirituelles inspirant à une masse d'êtres humains un même idéal de vie; c'est la volonté collective, permanente et irréductible d'ordonner des pensées et une action en vue d'un but déterminé. « C'est une conscience morale, une grande solidarité constituée par le sentiment des sacrifices qu'on a fait et de ceux qu'on est disposé à faire encore. » C'est le dynamisme intérieur et formidable d'un groupe humain tendant à persévérer dans l'être, à se différencier, à arriver à la conscience de soi, au commandement de soi. Une nation est donc l'incarnation et la clarification de cette chose puissante et mystérieuse qui anime les sociétés modernes et qui s'exprime par la souveraineté.

La volonté générale de la Pologne a été de se constituer socialement, moralement et économiquement pour renaître politiquement, pour vivre comme nation, pour compter de nouveau comme État. Les méthodes d'oppression et de corruption les plus cruelles et les plus savantes n'ont pu l'empêcher d'atteindre ce but.

Nous assisterons à la résurrection de la Pologne. Et ce sera un spectacle grandiose, particulièrement émouvant pour nous, Français. Car si la nation polonaise est fille du désir slave, de ce « désir qui fait sauter les forteresses », ce désir a été fécondé par une idée française, par les révolutions dans la pensée et dans le droit que la France a faites et propagées dans le monde.

Georges Leygues.

APPENDICE

Conférence sur la Pologne donnée par M. Georges Leygues, député, ancien ministre, Président de la Commission des affaires extérieures, sous la présidence de M. Stéphen Pichon, sénateur, ancien Ministre des affaires étrangères, assisté de M. Bracke, député, en présence de M. Denys Cochin, sous-secrétaire d'Etat aux affaires étrangères, le jeudi 5 juillet 1917

Discours de M. Stéphen Pichon, président

La Pologne ! Quel est le Français qui ne sache ce qu'il y a dans ce nom, de grandeur, d'iniquités, de douleurs et d'espérances ! Quel est celui chez lequel il n'éveille au fond de l'âme des sentiments d'admiration, de tristesse et de sympathie ? Qui d'entre nous ne porte au cœur la meurtrissure infligée à l'humanité par les machinations odieuses qui ont fait de la patrie de Sobieski la proie de la Prusse, de l'Autriche et de la Russie ? Qui, dans cette salle voisine du Collège de France, ne se souvient des immortelles leçons que Michelet, Quinet et Mickiewicz donnèrent, aux derniers jours de la monarchie française, à des auditeurs qui acclamaient en eux les vengeurs du droit aboli et les apôtres de la résurrection ?

La Pologne ! C'est, pour nous tous, le symbole d'une nation vaincue, partagée, spoliée, martyrisée, traquée par ses vainqueurs dans tous ses refuges, cherchant vainement à réunir ses membres dispersés pour renaître à la vie, représentée par ses volontaires sur tous les champs de bataille où ils ont l'espoir de triompher de leurs maîtres, s'insurgeant sans relâche dans son agonie pour la restauration de son antique puissance, bravant dans la personne de ses enfants les plus modestes comme les plus illustres la persécution, l'exil, la ruine et la mort, attentive à tous les bruits de liberté qui lui viennent des grands mouvements populaires, croyant en elle avec une indomptable foi, croyant en nous avec constance à

l'heure même où des nécessités de salut nous unissant contre
un commun péril à ses dominateurs impitoyables, elle pouvait — oh bien injustement ! — douter de notre dévouement
fidèle.

La Pologne ! C'est, au xvᵉ siècle, la déroute des chevaliers
de l'Ordre Teutonique ; c'est, au xviᵉ siècle, une efflorescence
d'art et de liberté, succédant à la défaite du Brandebourg ;
c'est, au xviiiᵉ siècle, la camaraderie de La Fayette et de
Kosciusko sur les champs de bataille où naissait la République des Etats-Unis d'Amérique ; c'est au xixᵉ siècle, la
gloire conquise sous les drapeaux de la Grande-Armée, puis,
aux jours cruels de l'année terrible, les épreuves subies avec
nous dans des combats désespérés ; c'est, aujourd'hui, la fraternité d'armes pratiquée avec les troupes alliées, dans la
plus meurtrière des guerres pour le salut du monde entier.

« Ta gloire est ma gloire, disait Michelet au peuple polonais debout contre ses oppresseurs. Allons ensemble au sacrifice, et nous entraînerons le monde. Qu'il suive en nous
l'avant-garde de la Fraternité humaine ! » L'univers n'est pas
loin de répondre à cet appel du Grand Voyant de l'Histoire.
On cherchera bientôt sur la planète le peuple resté à l'écart
du terrible drame où se décidera pour un long temps l'avenir
de l'Humanité.

Comment nous, qui avons pour programme de populariser
l'effort de la France et de ses alliés dans cette crise de libération et de justice, aurions-nous donc pu garder le silence
sur la Pologne ? C'est autre chose, pour nous, que la province
mutilée d'un territoire auquel la violence l'a incorporée et
que la loi des traités maintient parmi les puissances alliées,
c'est l'incarnation d'une race qui a sa personnalité, ses traditions, sa langue, son art, sa littérature, sa science, qui a
marqué avec éclat sa place dans l'histoire, qui combat pour
la reconstitution de son intégrité, qui a le droit de fixer elle-
même sa destinée et qui en a reçu, d'ailleurs, l'assurance de
l'Etat nouvellement émancipé dont le despotisme héréditaire
fut parmi les initiateurs de son morcellement et de sa com-
pression. C'est un peuple qui a eu de grands rois et qui a
connu des jours heureux sous la république ; qui, plus tard, a
enduré, sous le joug de l'étranger toutes les souffrances que
pouvait inventer l'imagination diverse de trois empires
acharnés à le détruire ; qui a survécu, bien que démembré,
à la triple expérience de cette oppression multiforme ;
qu'aucun supplice n'a pu abattre, aucune épreuve décourager,
et qui se présente à nous avec les qualités et les vertus
natives dont témoignent toutes les productions de sa
pensée.

Mon éminent ami, M. Georges Leygues, président de la commission des Affaires extérieures de la Chambre, va vous dire, avec son éloquence coutumière, ce que cette nation meurtrie nous doit et ce que nous lui devons, ce qu'elle fait pour nous et ce que nous sommes tenus de faire pour elle. Mon vieil ami Denys Cochin, dont j'ai dit un jour à la tribune du Palais-Bourbon qu'il est l'honneur du libéralisme français (ce n'était pas pour flatter le pouvoir car j'étais ministre et Cochin me critiquait au nom de l'opposition)... ajoutera l'autorité de la parole gouvernementale à celle du Conférencier. Qui le ferait mieux que lui, avec plus de dignité, avec plus de force, avec plus de titres, ayant payé plus cher le droit d'unir au nom sacré de la France celui d'une famille dont les traditions de noblesse et de patriotisme se sont affirmées par des sacrifices devant lesquels tous les Français doivent s'incliner ?

Attestant l'harmonie des cœurs dans un sujet où toutes les divisions disparaissent et toutes les nuances s'effacent, M. Bracke, député socialiste de la Seine, associera son parti à notre manifestation.

Ainsi, les Polonais sauront que, pour eux comme pour nos concitoyens d'Alsace-Lorraine, avec lesquels ils partagent la fraternité du malheur, il n'y a pas de dissentiments entre nous quand il s'agit de fonder l'Europe de demain sur la liberté, assurée aux peuples, de choisir et constituer leur patrie, et sur la réparation d'une iniquité qui, en provoquant des revendications imprescriptibles, a créé de perpétuelles menaces de guerre dans un monde où les appétits de conquêtes, encouragés par le succès, subsistent, et où la paix sera précaire tant que la Justice ne sera qu'un mot.

Nous célébrions hier une des grandes dates de l'histoire moderne. Nous fêtions l'anniversaire de la naissance des États-Unis d'Amérique, qui ont eu l'honneur de proclamer, en même temps que leur indépendance, l'égalité des hommes et les droits des citoyens. Souvenons-nous, à cette occasion, que la première parole du Président Wilson, en intervenant à nos côtés dans la guerre criminelle qui nous a été déclarée, fut pour la résurrection de la Pologne et le retour de l'Alsace-Lorraine à sa patrie d'élection. Et associons, dans nos hommages aux Polonais et aux Alsaciens-Lorrains, le nom du successeur glorieux de Washington, qui accourt à nous pour prendre rang parmi les libérateurs de l'Ancien Monde, comme La Fayette et Kosciusko accouraient sur les champs de bataille d'Amérique pour prendre rang parmi les créateurs du Monde Nouveau.

Discours de M. Denys Cochin, député,
sous-secrétaire d'Etat aux Affaires étrangères

Si la France, dans la lutte terrible qu'elle soutient pour tant de bonnes et nobles causes, était capable d'oublier la cause de la Pologne, elle aurait oublié l'une de ses plus profondes et de ses plus vivantes traditions. Vous savez qu'elle en est incapable.

La cause de la Pologne est de celles qui, de notre temps et de celui de nos pères, nous ont fait faire un heureux essai d'union sacrée.

Cette union sacrée qui s'est produite parmi nous dès le premier jour des attentats de l'Allemagne contre notre patrie, ce n'est pas une nouveauté chez les Français : ils sont capables de s'entendre tous lorsqu'il s'agit non pas seulement de leur propre liberté mais aussi lorsqu'il s'agit d'attentats commis loin d'eux, à travers le monde.

On a vu en de pareilles circonstances tous les Français protester d'une même voix. J'en ai eu la preuve lorsque, tout nouveau député, j'entrais à la Chambre. C'était au moment où éclatait en Europe la nouvelle des massacres ordonnés par le sultan Abdul-Hamid parmi ses sujets d'Arménie.

Ce jour-là, pour rencontrer Jean Jaurès, pour faire partie du même groupe que Francis de Pressensé, je n'ai eu qu'une chose à faire, suivre Albert de Mun.

La Pologne!... Mon ami Bracke racontait hier — il ne se fâchera pas de mon indiscrétion — que la passion pour la Pologne était si enracinée chez Blanqui, il en parlait si souvent, que ses plus fidèles disciples en plaisantaient et disaient : « Il nous mènera à la Révolution sociale en France au cri de : Vive la Pologne. »

Dans l'ancienne France, Colbert, dont on peut être étonné de me voir citer le nom à côté de celui de Blanqui, Colbert disait : « Quand il s'agit de trouver des millions pour la Pologne, je serais capable de vendre mes biens, d'engager ensuite ceux de ma femme et de mes enfants, d'aller à pied toute ma vie pour lui en fournir. »

Au siècle dernier, Choiseul envoyait des secours aux confédérations; des troupes françaises défendaient Cracovie contre Souvaroff et plus tard, qui donc, amis et alliés de Pologne, s'occupait d'écrire pour vous une constitution et de fixer les termes un peu vagues et flottants de votre contrat social?

C'était Jean-Jacques Rousseau.

Et depuis lors, que d'exploits accomplis en commun! M. Pichon le disait. Nous avons salué une mesure heureuse

qui vient d'être prise; l'armée polonaise a été ressuscitée sur
la terre de France pour se battre à côté de l'armée française.

Ce ne sera pas la première fois; cette armée se souviendra
des noms de Dombrowski, de Poniatowski, émules des héros
de l'épopée impériale. Elle pourra écrire sur ses drapeaux, en
souvenir du passé, les noms de Hondschoote, d'Eylau, de la
Moskowa, de Somo Sierra et — un Parisien ne saurait l'oublier — le nom de la barrière de Clichy, car jusqu'au dernier
moment les troupes polonaises furent fidèles.

On verra revivre dans l'armée polonaise ce bel enthousiasme chevaleresque dont les vôtres, à côté des nôtres, ont
donné si souvent des preuves.

On retrouve, en effet, les marques de cette vaillance et de
cet enthousiasme dans vos annales les plus lointaines.
M. Leygues le disait tout à l'heure, vos Jagellons ont soutenu,
il y a des siècles, la lutte, la belle lutte que nous soutenons
aujourd'hui, alors qu'ils combattaient à Tannenberg, alors
qu'en 1460 le roi Casimir s'emparait de Marienbourg.

Dans ces temps-là la Prusse appartenait à des ordres puis-
sants et rapaces, les chevaliers du glaive, les chevaliers teutoniques. Ces confréries militaires et religieuses ont été depuis
lors laïcisées, mais sans grand avantage pour l'humanité.

Quelle a été la cause de vos malheurs, aussi célèbres que
vos exploits ?

Ici, je voudrais laisser une voix plus puissante que la
mienne, la voix des poètes, chanter, célébrer vos exploits;
je ne leur abandonne pas ce soin parce que je suis heureux,
moi aussi, d'y applaudir, mais je ne puis, étant un homme
politique, renoncer à l'esprit critique et je voudrais, comme
l'a fait M. Leygues, rechercher quelles ont pu être les causes
de ces malheurs.

D'abord de mauvaises chances, il faut en convenir. En
voici une : un jour vous avez eu, Polonais, une idée assurément excellente, celle de demander à la Maison de France
un roi.

Qu'arriva-t-il ? Nous vous avons envoyé le duc d'Anjou qui
fut depuis Henri III.

C'était jouer de malheur; vous pouviez mieux attendre de
nous et de la maison de France. Sachons en convenir aussi;
des erreurs politiques, vous en avez commis. Vos écrivains
le reconnaissent. Un livre sincère que je recommande à votre
attention, celui de M. Starczenski relève, avec une grande
sincérité, ces fautes et ces erreurs. Il parle des difficultés que
causa souvent à votre sérénissime République la plèbe
nobiliaire.

La plèbe nobiliaire !... Singulier rapprochement de mots

qu'on ne trouve guère que dans l'histoire polonaise. On n'avait pas voulu supprimer l'avantage de la noblesse, mais il semble que, par un sentiment d'équité, on l'avait accordée à tout le monde. Et alors, vos nombreuses diètes appliquaient, toujours dans un sentiment noble et généreux, ce principe qui a été désigné sous le nom de « liberum veto ». Pour être assuré que pas une volonté ne serait brimée, on avait décidé qu'un seul opposant suffirait pour arrêter tout un vote.

Pensée noble et généreuse assurément, mais dépourvue d'esprit pratique.

Quoique ayant dans ma vie appartenu le plus souvent aux minorités, j'admets qu'on ne les respecte pas chez nous jusqu'à ce point extrême : la proportionnelle suffit.

Vos erreurs, Polonais, vous avez toujours montré qu'elles n'étaient inspirées que par de généreux sentiments, et d'ailleurs votre vive intelligence, incapable d'entêtement, a toujours été prête à y porter remède.

Au moment même où s'accomplissait l'abominable partage, au moment où les oiseaux de proie avaient leurs griffes sur elle, la Pologne se donnait une constitution libérale. Il est vrai — et voilà la mauvaise chance — que dans la même année l'auteur de cette constitution partait pour la Sibérie; mais pour charmer des loisirs hélas! trop longs, il emportait des livres français, ceux de Condorcet et de Rousseau.

Après que le crime a été accompli, nous avons vu arriver en France beaucoup des vôtres et laissez-moi rappeler quelle belle opinion ils nous ont donnée de la Pologne.

Nos pères ont connu votre admirable poète, Mickiewicz, ils ont connu ce grand musicien, Chopin; vous nous avez envoyé des écrivains, des diplomates, un orientaliste, Chodzko, une foule d'hommes distingués nous sont venus de Pologne.

Dans les sciences aussi, les Polonais ont marqué, et je croirais commettre une faute impardonnable, pendant que je parle des gloires de la Pologne, si sous les voûtes de la Sorbonne, je ne rappelais pas une de nos gloires françaises et, en même temps une gloire polonaise, Mme Curie.

En tout temps la Pologne a trouvé de vives amitiés en France. Qui s'en souviendrait mieux que moi? Je puis, en rappelant les souvenirs de ma jeunesse, évoquer encore devant mes yeux l'image du meilleur et en même temps du plus illustre ami de mon père, Charles de Montalembert. J'ai été élevé dans le culte, dans le respect de Montalembert et de Lacordaire; dans le respect également et souvent avec les leçons de l'éminent philosophe, le P. Gratry.

Celui-là a prononcé, étant prêtre, une parole qui était

digno qu'on s'en souvînt. Il a dit : « Depuis le partage de la Pologne, l'Europe est en état de péché mortel ».

Je cherche plus haut encore; parmi mes impressions de petit enfant, j'ai le souvenir d'un des derniers défenseurs de la Pologne dans les dernières insurrections. Je vois encore dans la cour de la maison que nous habitions, rue Saint-Guillaume, errer librement un cheval gris.

Je savais par là que le vieux général Zamoyski venait faire visite à mes parents; oubliant mes thèmes et mes multiplications, mes yeux collés aux vitres, j'attendais le retour du vieux cavalier. Mes parents m'avaient dit : C'est un héros.

Pour en revenir au moment présent, admirez-vous assez l'élan qui amène, pour contribuer à notre effort, pour s'associer avec nous à la lutte, les uns après les autres, tous les peuples du monde civilisé?

Ils ont du mérite. Ils nous trouvent en effet livrés depuis trois ans à la guerre la plus redoutable, non pas certes découragés, non pas manquant de confiance, mais enfin sentant le poids et la douleur d'une lutte nécessaire dont nous apercevons la fin heureuse, mais dont nous supportons en ce moment les rudes difficultés.

Ils viennent les uns après les autres; après les Anglais, les Italiens, puis les Portugais, puis les Roumains, puis cette noble armée d'Amérique qui nous arrive maintenant; demain les Brésiliens; ils viennent tous.

Ils nous trouvent comment? Les jeunes, la sueur au front; les vieux, les larmes aux yeux.

Ils nous disent : De votre rude travail, de votre rude effort, nous voulons notre part; nous voulons marcher avec vous.

Pourquoi le font-ils? Parce qu'ils savent que la cause que nous servons est celle de tous les peuples libres; parce qu'ils savent que nous nous battons pour une idée qui est la leur: pour une idée qui triomphera.

Si, après cette longue et terrible épreuve, la nation polonaise ne devait plus retrouver son indépendance, sa souveraineté; si ses trois tronçons n'étaient pas réunis, avec un accès donné au rivage de la mer; si cet état ne devait pas renaître en Europe avec assez de force pour devenir un élément essentiel d'équilibre et de paix durable, alors les promesses faites au monde civilisé par la France et ses Alliés ne seraient pas tenues. Alors l'espérance qui a rangé à côté de nos armées celles de tous les peuples libres serait déçue! Mais l'œuvre de justice s'accomplira tout entière.

Frédéric II de Prusse se moquait de la justice lorsqu'il disait : « Je prends d'abord et je suis bien sûr de trouver ensuite un pédant juriste pour expliquer que j'ai raison. »

C'est, au fond, la même pensée que M. le chancelier de Bethmann Hollweg a exprimée plus lourdement dans la phrase célèbre qui fera passer son nom à la postérité! Heureusement, Messieurs, il arrive quelquefois que les conquérants et les chanceliers, les cyniques et les sophistes se trompent!

Allocution de M. Bracke, député de Paris

C'est l'habitude des organisateurs des conférences sur l'effort de la France et de ses Alliés, de réunir dans une manifestation commune des hommes appartenant à tous les partis.

S'il y a une question où le petit effort à faire pour montrer que l'union sacrée subsiste toujours, est nécessaire, c'est la question polonaise.

Ce qui fait le caractère spécial de l'histoire de la Pologne depuis qu'elle a été démembrée, c'est que non seulement cette vaillante nation a vécu, mais qu'elle a trouvé en elle-même les éléments d'une vie plus forte; c'est sa résurrection comme nation indépendante, comme nation maîtresse d'elle-même que nous saluons aujourd'hui.

Quand la Pologne martyre luttait pour son indépendance et son intégrité, c'est en France, dans tous les partis, qu'elle a trouvé les sympathies les plus actives, prêtes à se mettre en action ou au moins à l'aider de la force de leur opinion et de leur pensée.

L'existence même de la Pologne s'affirmant comme nation, puisant dans ses efforts de reconstitution de quoi affirmer plus nettement sa nationalité, de quoi fondre les classes qui jusque-là avaient été profondément divisées et quelquefois étrangères les unes aux autres, cette existence a indiqué ce que doit être l'effort international pour les indépendances nationales.

La reconstitution de la Pologne a toujours été l'un des objectifs principaux de toute la démocratie internationale et particulièrement de la démocratie socialiste : c'est pourquoi nous avons le droit d'en parler ici et nous remercions les organisateurs de cette conférence d'avoir permis à notre parti de prendre la parole aujourd'hui.

Dès le début de cette guerre qui va de plus en plus affirmant son caractère, se dépouillant de tous les éléments étrangers, de tout ce qui pouvait rester du vieil esprit de conquête, du vieil esprit de conflit, qui devient de plus en plus la lutte des démocraties pour la libération des peuples, dès le pre-

mier jour, M. Leygues vous l'a dit, la question de la Pologne
s'est posée.

Vous vous rappelez les inquiétudes et les soucis nés de
l'intention prêtée aux ennemis d'essayer de substituer à
l'œuvre de reconstitution polonaise, une fausse autonomie,
une fausse unité.

Vous avez pu constater également combien de fluctuations
se sont produites à ce sujet, à quels mouvements d'opinion
elles ont donné lieu.

Qu'est-il arrivé? Il est arrivé que dans cette guerre où le
droit des peuples à se gouverner eux-mêmes s'est affirmé
d'une façon éclatante, la nation russe, dès qu'elle est devenue
maîtresse de ses destinées, a considéré que son premier devoir
était de refaire une Pologne une, indépendante et entière, et,
pour cela de remettre à cette Pologne les immenses territoires que le gouvernement despotique russe s'était adjugés
en prenant ce qui ne lui appartenait pas.

Elle a dit à la Pologne et au monde entier que les empires
de proie eux aussi devront rendre leur part.

De même que la Russie a rendu à l'unité polonaise les
parties de la Pologne qui lui avaient été adjointes, il faudra
que les empires du centre lâchent les lambeaux de patrie
qu'ils ont arrachés par la violence.

C'est ainsi que la démarche de la Russie révolutionnaire,
au jour même de sa naissance, en faveur de la Pologne, est
une garantie de ce qui sera fait par les nations alliées, par la
société des nations sortant de la victoire pour la reconstitution de l'unité française, en rendant à la France l'Alsace et la
Lorraine qu'elle réclame.

La Pologne nouvelle, la Pologne de demain, M. Leygues
vous a indiqué à l'aide de chiffres, ce qu'elle sera. Elle est
arrivée à la forme la plus moderne des États actuels; elle a
non seulement une classe paysanne vaillante, mais il s'y
forme une bourgeoisie et un prolétariat, comme auprès des
énormes villes comme Lodz ou des ateliers immenses comme
ceux de Czenstochowa.

Sans doute la Pologne, quand elle revivra, n'échappera pas
aux difficultés et aux luttes entre ces divers éléments; il ne
faut pas nous leurrer sur ce point, mais il faut considérer que
c'est là précisément l'un des éléments du progrès et que cette
action, en forgeant une société nouvelle, prépare de meilleurs
moments, de meilleurs siècles pour l'humanité.

C'est cette nouvelle Pologne que nous venons saluer ici.

Qui se souvient de l'ancienne Pologne? La France peut
dire que d'un bout à l'autre de son histoire, elle n'a cessé de
lui être unie.

Depuis l'époque lointaine où le poète Kochanowski, l'ami et l'émule de Ronsard, faisait fleurir la poésie en Pologne, jusqu'au jour où Mickiewicz faisait retentir sa voix, dans les derniers moments de la Monarchie de Juillet, à côté de celles de Quinet et de Michelet, nous avons pu constater que les poètes sont les hommes qui voient le plus clair.

Je relisais il y a quelques jours le *Kyrie eleison* de Mickiewicz où il disait au nom de la Pologne : « Accorde-nous…….. nous t'en prions, Seigneur ».

Toutes les nations qui comme la Pologne ont souffert dans leur indépendance et dans leur liberté, sont assurées, après la guerre, à laquelle nous prenons part pour que la paix qui en sortira soit une paix durable, de recouvrer leur indépendance et leur entière liberté, parce que cette paix aura la garantie réciproque de toutes les nations.

Seconde allocution de M. Stéphen Pichon

Vous estimerez, comme moi, j'en suis certain, qu'il n'y a rien à ajouter aux paroles que vous venez d'entendre ; elles se résument, j'ai le droit de le dire, dans la déclaration qui vient d'être faite par M. Denys Cochin, au nom du Gouvernement.

Cette déclaration ira au cœur de tous les Polonais en l'honneur desquels cette manifestation est organisée. Elle signifie que la reconstitution de la Pologne, unie, indépendante et intégrale fait partie du tribut de guerre qui sera imposé par les Pays alliés ; elle signifie, comme l'a dit M. Georges Leygues, que la cause polonaise n'est pas celle d'un peuple, qu'elle n'est pas remise entre les mains de l'une des puissances alliées, qu'elle est internationale, que le droit, la liberté et la justice sont de tous les pays et de tous les temps.

Elle signifie que nous sommes attachés à cette cause au même titre qu'à celle de tous les pays libres, de tous les pays qui veulent être libres, à celle de l'Alsace-Lorraine, de la Belgique, de la Serbie, de la Roumanie, des revendications des terres italiennes.

Elle signifie que nous ne désarmerons pas avant d'avoir obtenu cette satisfaction sans laquelle il n'y aurait pas de sécurité en Europe, sans laquelle il n'y aurait pas d'Europe.

Elle signifie enfin, et ce sera l'enseignement et la leçon de la manifestation d'aujourd'hui, que tous ici tant que nous sommes, nous voulons qu'il en soit ainsi.

Échange de Télégrammes

De New-York :

La section nationale du Comité central de Chicago, comprenant toutes les plus importantes associations et organisations polonaises et représentant quatre millions de Polonais établis aux États-Unis, nous confie le grand honneur d'envoyer en ce jour mémorable un chaleureux et fraternel salut aux français amis de la Pologne et en particulier à Messieurs Stephen Pichon, Denys Cochin, Georges Leygues et Bracke.

Aux défenseurs illustres de la cause juste et sacrée de leur lointaine patrie, les Polonais d'Amérique envoient des remerciements émus et leur crient par delà l'Océan : « Honneur aux braves et gloire à la France ».

(Signé) PADEREWSKI, *président d'honneur,*
SMULSKI, *président Comité exécutif.*

De Newhaven :

Fêtant solennellement l'antique et si patriote Université Yale, nous avons été fiers de recevoir en même temps que docteur honoraire l'éminent diplomate, écrivain, soldat André Tardieu, haut commissaire de notre noble alliée, la France, le physicien anglais Sir Butherford, l'ambassadeur Herrick, cher à tous les Français et le célèbre artiste et glorieux patriote polonais Ignace Paderewski. Sommes heureux d'honorer dans leurs personnes les efforts de la France, de la Pologne et des Alliés auxquels, dans le cadre historique de l'illustre Sorbonne, les grands hommes d'État français rendront hommage aujourd'hui.

(Signé) TAFT, *ancien président des États-Unis,*
HADLEY, *président de l'Université Yale.*

Paderewski et Smulski :

Français réunis en Sorbonne envoient leurs affectueux saluts et remerciements à tous les Polonais d'Amérique.

Nous avons célébré hier jour de l'Indépendance américaine ; demain nous célébrerons ensemble l'Indépendance de tous les peuples opprimés. Les Alsaciens et les Lorrains rentreront dans la maison maternelle et sur toutes vos villes, sur tous vos villages flotteront vos couleurs nationales, dans la noble Pologne dont la France est la vieille amie et qui, démembrée, mutilée, est restée en dépit du temps et des méchants, *une*, par la fidélité du cœur, par l'esprit de sacrifice et par la foi dans l'avenir.

STEPHEN PICHON, *Président du Comité,*
PAUL LABBÉ, *secrétaire général.*

Président Taft et Hadley, président Université Yale :

Français, Polonais et représentants des autres pays alliés, réunis en Sorbonne en l'honneur de la Pologne, remercient l'illustre Président Taft, l'Université Yale et son éminent président, de leur amicale attention. Notre Comité a organisé hier, jour de l'Indépencance des Etats-Unis, des conférences dans toutes les grandes villes de France pour expliquer à notre peuple, qui le comprend avec une fière émotion, combien les cœurs français et américains sont liés dans le passé par le souvenir, dans l'avenir par l'espérance, dans le présent par le mépris de la mort et par l'amour de l'idéal. Nos deux républiques sœurs marchent fièrement droit devant elles, la main dans la main, n'ayant dans cette lutte contre le mal comme inspiratrice que la vérité, comme moyen que le droit soutenu par les armes, comme but que la liberté du monde et l'affranchissement des peuples.

STEPHEN PICHON, *Président du Comité,*
PAUL LABBÉ, *secrétaire Général.*

601. — Imp. Art. «Lux», 131, boulevard Saint-Michel, Paris.

www.ingramcontent.com/pod-product-compliance
Lightning Source LLC
Chambersburg PA
CBHW061650060726
47597CB00005B/2111